Made in the USA
Middletown, DE
16 December 2019

80867631R00062